경호보안 실무영어

이주락(경기대학교 경호보안학과 교수)
오재환(대통령실 경호처 경호관)

도서출판 **진 영 사**

경호보안 실무영어

이주락 · 오재환 저

2012년 12월 29일 초판인쇄
2012년 12월 31일 발　　행
발행인 박 진 영
발행처 도서출판 진영사
인천광역시 부평구 갈산동 16-22번지
전화 : 032)505-4207
팩스 : 032)505-4206
E-mail : 0183734207@hanmail.net
등록 : 122-91-77317

ISBN 978-89-6541-103-1 90740
값 12,000 원

머 리 말

교통통신의 발달로 우리 사회는 이미 글로벌시대가 되었다. 경호보안 분야에서도 업무 중 영어를 사용해야할 경우가 점점 많아지고 있다. 또한, 보안요원을 선발하는 많은 기업에서 채용시험 시 영어면접을 실시하고 있다. 그러므로 경호보안 분야 학습자나 종사자가 관련 분야에 취업하거나 경호보안전문가가 되기 위해서는 해당 분야에서 자주 사용되는 영어 표현에 능숙해야 할 필요가 있다.

그러나 지금까지 시중에는 경호보안 분야를 전문적으로 다룬 책이 거의 없었다. 저자도 학교에서 경호보안 실무영어를 가르치고 있지만 항상 교재를 선택할 때 어려움을 겪었다. 이에 지금까지 수년간 수업시간에 다루던 내용을 대통령실 경호처에서 근무하고 있는 오재환 경호관과 함께 전체적으로 다시 한 번 정리하였다.

이 책은 경호임무 준비 단계부터 수행비서 경호, 근접 경호, 행사장 경호, 응급상황, 경호임무 수행 후 상황을 가정하여 단계별로 구성하였다. 그러므로 본 책을 전체적으로 살펴본다면 경호보안 관련 영어표현의 습득뿐만 아니라 경호업무의 흐름을 파악하는데 도움이 될 것이다. 또한, 마지막 장에는 경호보안 분야의 취업을 대비하여 경호원이나 보안요원이 되기를 원하는 사람들이 면접장에서 받을 가능성이 높은 질문들을 선별하여 대화 상황을 구성하였다.

이 책의 또 다른 특징으로서 본문의 대화를 어려운 문어체 표현보다는 일상생활에서 쉽게 사용할 수 있는 구어체 표현을 중심으로 구성하였다. 단어 중심으로 학습하기보다는 문장 전체를 습득하는 것이 경호업무를 수행하거나 취업 시 영어면접에 대비하는데 보다 큰 도움이 될 것이다.

경호보안은 앞으로 성장가능성이 큰 분야이다. 그러나 지금까지 경호보안 분야에서 글로벌 시대의 가장 기본 수단이라 할 수 있는 영어를 효과적으로 구사할 수 있는 사람은 많지 않았다. 후학들이 열심히 노력하여 경호보안전문가가 되기를 희망하며 이 책을 저술하였다.

2012년 12월

이 주 락

머 리 말

현재 우리는 교통과 통신의 발달로 전 세계가 일일생활권인 글로벌 시대를 맞이하였다. 세계 각국에서는 자국의 안보, 정치 및 경제적 이익을 위해 ASEM, APEC, 핵안보회의 등의 국제적 회의를 빈번히 실시하고 있고, 또 각국의 지도자는 정기적인 국빈방문을 통해서 국가 간 우호협력체계를 구축하고자 노력하고 있다. 국내적으로도 한류열풍으로 인해 한국 연예인들의 국제 활동이 매우 활발해졌으며, 경제인들도 우리나라의 경제발전을 위하여 전 세계를 상대로 부지런히 활동하고 있다.

이러한 시점에서 주요인사의 안전을 확보해야하는 경호 수요가 증가하면서 경호원의 역할도 더불어 중요해지고 있다. 연예활동을 통해서 국제적으로 한국의 위상을 높이는 연예인이나 자국의 이익을 위해 노력하는 주요 정치적, 경제적 요인들이 본연의 업무에 집중할 수 있도록 그들의 신변안전은 물론이고 심기경호까지도 보장해야 하는 전문적인 경호원의 역할이 요구되고 있다.

국제적 경호행사 시 해당국가의 경호원 및 관련 직원과의 원활한 협조를 할 수 있는 경쟁력 있는 전문경호원이 되기 위해서는 국제 공용어인 영어 의사소통 능력을 갖추어야 한다. 개인적으로 저자는 11년간의 수많은 국제 경호행사에서 해당 국가의 경호, 의전 직원과의 원활한 업무협조를 통해 성공적으로 경호임무를 완수하였다. 본 책은 이러한 저자의 실무경험을 토대로 국제적 경호행사 시 경호임무수행에 반드시 필요한 단어 및 표현을 중심으로 체계적으로 구성하였다. 본 서적이 경호 관련 임무를 수행하거나 국제 감각을 겸비한 전문경호원이 되기를 원하는 독자들에게 도움이 되기를 희망한다.

2012년 12월

오 재 환

목 차

Chapter 1

경호임무 준비단계

Useful Vocabulary

01	accommodation	숙박(시설)
02	accompany	동행하다
03	advance survey	사전답사
04	arrange	준비하다
05	attendee roster	참석자 명단
06	cancel	취소하다
07	celebrity	유명 인사
08	chronic disease	만성 질환
09	client	의뢰인
10	cooperate	협조하다
11	command post(CP)	경호작전지휘소
12	confidentiality	기밀성
13	confirm	확인하다
14	counter-measure for safety	안전대책
15	crime rate	범죄발생률
16	criminal record	전과
17	deport	추방하다
18	drop-off area	하차지역

19	duty roster	근무편성표
20	emergency route	비상대피로
21	executive protection	요인경호
22	guest	손님
23	heliport	헬기장
24	hospitality	환대
25	hydrant	소화전
26	intelligence	정보
27	investigation	조사
28	itinerary	여정
29	location	지역
30	medical assistance	의료지원
31	nearest hospital	최기병원
32	official visit	공식방문
33	pick-up area	승차지
34	preference	선호
35	private visit	비공식 방문
36	provide	제공하다
37	request	요청하다
38	reserved seat for the VIP	귀빈 좌석
39	restriction	제한
40	risk assessment	위험평가
41	risk management	위험관리
42	security agent(guard)	경호원
43	security badge	보안비표
44	security management	보안관리
45	social position	사회적 지위
46	surveillance	경계
47	survey	답사

48	target	목표 대상
49	tentative schedule	임시일정
50	threat analysis	위협분석
51	venue	행사장
52	VIP (Very Important Person)	귀빈
53	wanted	지명수배

방문 인원과 일정 알아보기

Dialogue

You: Hello, I would like to ask some questions about your visit to Seoul.

VIP: Sure. Go ahead.

You: *How many people are coming?*

VIP: There are five of us.

You: How many security guards will you need?

VIP: We just need two for the whole group.

You: Okay. And what date are you going to arrive in and leave Seoul?

VIP: We are going to arrive in Seoul on January 13 and leave on the 20th.

You: Thank you very much for the information.

VIP: No problem.

* 문어체와는 달리 구어체에서는 미래의 상황을 표현할 때 현재 진행형 형으로 많이 쓰인다.

You: 안녕하세요? 이번에 서울에 방문하시는 일정에 대하여 여쭈어 볼 것이 있습니다.

VIP: 네, 그러세요.

You: 몇 분이 방문하실 예정이신가요?

VIP: 저 까지 포함하여 다섯 명입니다.

You: 경호요원이 몇 명 필요하신가요?

VIP: 두 명만 있으면 될 것 같습니다.

You: 그렇군요. 그럼 어느 날짜에 도착하시고 떠날 예정이신가요?

VIP: 서울에 1월 13일에 도착하여 1월 20일에 떠날 예정입니다.

You: 정말 감사합니다.

VIP: 별말씀을요.

Useful Expressions

a. I would like to ask some questions about~
I would like to ask you about~
~ 대하여 묻고 싶다.

b. Thank you for~
~ 대하여 감사하다.

c. We are going to~
우리는 ~을 할 것이다.

d. We just need~
우리는 ~만 필요로 하다.

Key Expressions

a. I would like to ask you about the safety.
저는 안전에 관하여 당신에게 물어볼 것이 있습니다.

b. Thank you for your help.
도움을 주셔서 감사합니다.

c. We are going to arrive in Seoul on December 24.
저희는 서울에 12월 24일에 도착할 예정입니다.

d. We just need two security guards at the entrance.
입구에 두 명의 경호요원들만 있으면 됩니다.

Dialogue

You: Is this your first time having security guards?
VIP: No, I always hire security guards when I go abroad.
You: I see. Have you been threatened by anyone recently?
VIP: No, I have not.
You: How about your health? Will you need any medical assistance during your visit?
VIP: No, I am fine.
You: Okay. Then will you need our security service throughout your visit?
VIP: Yes, and I want the security service as soon as I arrive at the airport.

You: 이번이 경호요원과 처음으로 함께하는 것입니까?
VIP: 아닙니다, 저는 외국에 갈 때 마다 항상 경호요원들을 고용합니다.
You: 알겠습니다. 고객님께서 최근에 위협을 받으신 적이 있습니까?
VIP: 아니오, 없습니다.
You: 건강은 어떠세요? 방문하시는 동안 의료지원을 필요로 하시나요?
VIP: 아닙니다, 괜찮습니다.
You: 네. 그럼 방문하시는 내내 경호서비스를 받으실 건가요?
VIP: 그렇습니다. 공항에 도착하자마자 경호를 받고 싶습니다.

General Expressions

a. go abroad
해외를 가다.

b. throughout ~
~동안 내내

c. as soon as
~하자마자

Key Expressions

a. He always hires security guards when he goes abroad.
그는 해외에 갈 때마다 항상 경호요원들을 고용합니다.

b. Will you need medical assistance throughout your visit?
방문하시는 동안 내내 의료지원이 필요하신 가요?

c. We will start the security service as soon as you arrive.
도착하시자마자 경호서비스를 시작하겠습니다.

고객의 스케줄

Dialogue

You: Good Morning, I would like to ask you about your schedule for this trip.

VIP: Sure.

You: You are arriving in Seoul this Saturday, right?

VIP: Yes.

You: What is your conference schedule like?

VIP: The conference starts next Monday and ends on Thursday.

You: I see. Then we will start escorting you on Monday. Do you have any plans after the conference ends?

VIP: My co-workers and I would like to tour the city.

You: Would you like our escort service during your tour as well?

VIP: No, that's okay. But it will be nice if someone can help us find our ways.

You: No Problem. We can show you around Seoul.

VIP: That will be wonderful. Thank you very much.

You: You are welcome.

You: 안녕하세요, 이번 방문에 관한 스케줄에 대하여 여쭤볼 것이 있습니다.

VIP: 네, 그러세요.

You: 이번 주 토요일에 도착하시는 것 맞죠?

VIP: 네, 그렇습니다.

You: 컨퍼런스 일정이 어떻게 되시나요?

VIP: 다음 주 월요일에 시작하여 목요일에 끝납니다.

You: 네, 그렇군요. 그럼 저희가 고객님의 경호 업무를 월요일에 시작하겠습니다. 컨퍼런스가 끝난 이후에는 계획이 어떻게 되시는지요?

VIP: 동료들과 서울을 구경하려 합니다.

You: 서울을 구경하시는 동안에도 저희의 경호업무를 원하시나요?

VIP: 아니요, 괜찮습니다. 근데 누군가 저희와 함께 와서 길을 알려 주었으면 합니다.

You: 문제없습니다. 그럼 저희가 가이드 역할을 해드릴 수 있거든요.

VIP: 그럼 정말 좋겠네요. 너무 감사합니다.

You: 천만에요.

Useful Expressions

a. What is your schedule like?
당신의 스케줄은 어떻습니까?

b. Do you have plans?
계획/일정이 있습니까?

c. show ~ around.
~에게 어느 곳을 소개해 주다.

d. start ~ing.
~을 시작하다.

e. help+사람(목적어)+동사원형~
~가 ~을 하는 것을 도와주다.

Key Expressions

a. What is your work schedule like?
당신의 근무 일정은 어떻게 됩니까?

b. Do you have plans for the weekend?
주말에 계획 있으십니까?

c. I will show you around the office.
제가 사무실을 구경시켜 드리겠습니다.

d. They started escorting Mr. Kim last week.
그들은 지난주부터 김 선생님을 경호하기 시작 하였습니다.

e. He will help you enter the building.
그가 빌딩에 입장하는 것을 도와 줄 겁니다.

특이 사항 조사

Dialogue

You: To provide the best possible escort service, we would like to ask a question.

VIP: Of course.

You: Is there anything special we need to know about you and other visiting members?

VIP: Yes. One of my co-workers broke his leg last week, so he will need a wheelchair.

You: Oh, okay. I see. How about crutches?

VIP: Don't worry about them. He will bring his own.

You: Alright. Is that all?

VIP: One more thing. I am going to bring my kids with me.

You: How many kids? And how old are they?

VIP: Two. A four-year-old girl and a three-year-old boy.

You: Okay. We will provide a day care service while you are at the conference.

VIP: Fantastic. Thanks a lot.

You: My pleasure. Have a good one.

You: 최고의 경호 서비스를 제공하기 위해서 한 가지 여쭈어 보겠습니다.

VIP: 물론입니다.

You: 저희가 방문하는 인원들에 대해 특별히 알아 둘 것이 있습니까?

VIP: 네. 제 동료 중 한 명이 지난주에 다리가 부러졌습니다. 그래서 휠체어 하나가 필요할 것 같은데요.

You: 아, 네. 알겠습니다. 그럼 목발은요?

VIP: 목발은 됐습니다. 자기 것을 가져올 겁니다.

You: 알겠습니다. 그게 다 입니까?

VIP: 한 가지 더요. 제 아이들을 데려올 거예요.

You: 몇 명이죠? 몇 살인가요?

VIP: 두 명입니다. 4살짜리 여자아이랑 3살짜리 남자아이요.

You: 네. 고객님이 컨퍼런스에 참여하는 시간에 돌봐드리도록 하겠습니다.

VIP: 정말 좋네요. 너무 감사합니다.

You: 천만에요. 좋은 하루 보내세요.

Useful Expressions

a. Is there anything~?

~한 것 있습니까?

b. How about~/What about~?

~은 어떻습니까? (제안), ~은요? (또 다른 무언가에 대해 물어볼 때)

c. need to know about~
~에 대하여 알아야 한다.

d. Don't worry about~
~에 대해서 걱정하지 마세요.

e. Is that all?/Is that it?
~그게 다 입니까?

f. best possible ~
가장 좋은 ~

Let's Review! Take Turns!

A: 안녕하세요? 이번 서울 방문에 관하여 여쭈어 볼 것이 있습니다.
Hi, I (   ) (   ) (   ) ask some questions (   ) your trip to Seoul.

B: 네, 그러세요.
Sure, (   ) ahead.

A: 이번이 저희 경호서비스를 처음 이용하시는 것입니까?
Is this your (   ) time using (   ) (   ) service?

B: 네, 그렇습니다.
(   ), it is.

A: 몇 명이 오실건가요?
How (   ) people (   ) (   )?

B: 여섯 명이 갑니다.
Six (   ) are (   ).

A: 경호요원은 몇 명 필요하신 가요?
How (   ) guards (   ) you need?

B: 경호요원은 세 명만 있으면 됩니다.
We ( ) need three guards.

A: 어느 날에 오셨다가 어느 날에 돌아가시나요?
What/Which date are you going to ( ) and what/which ( ) ( ) ( ) ( ) to leave?

B: 서울에 8월 15일에 도착 했다가 19일에 떠나요.
We ( ) going ( ) arrive in Seoul ( ) August fifteenth and ( ) on the ( ).

A: 컨퍼런스 스케줄은 어떻게 되나요?
( ) is the ( ) schedule ( )?

B: 8월 16일에 시작하여 18일에 끝납니다.
It ( ) on ( ) ( ) and ends on the eighteenth.

A: 공항에 도착하자마자 경호업무를 시작할까요?
Would you ( ) our security service ( ) soon ( ) you
( ) at the ( )?

B: 아니오, 컨퍼런스 시작할 때부터 해주세요.
No, I ( ) like it when ( ) starts.

A: 그럼 저희가 8월 16일부터 경호업무를 시작하겠습니다.
Then we will ( ) the ( ) work on August sixteenth.

B: 알겠습니다.
Alright.

A: 한 가지만 더 물을게요. 이번 방문에 대하여 저희가 알아야 할 특별한 사항이 있나요?
One ( ) ( ).
Is there ( ) ( ) we ( ) to know about this visit?

B: 네, 제가 다리를 다쳐서 휠체어가 하나 있었으면 합니다.
Yes, I hurt ( ) leg, so I would ( ) a wheelchair.

A: 문제없습니다. 감사합니다. 좋은 하루 보내세요.
No ( ). Thank you. Have a good ( ).

Chapter 2

수행비서 경호

Useful Vocabulary

01	bill	계산서
02	blood type	혈액형
03	charge	요금
04	check-in	체크인
05	check-out	체크아웃
06	collaborative security service	합동 보안 업무
07	complimentary	무료의
08	contact	연락하다
09	continental breakfast	커피와 빵 등의 간단한 아침식사
10	currency rate	환율
11	detail protection	수행경호
12	DMZ (Demilitarized Zone)	비무장 지대
13	double room	2인용 침대가 한 개 있는 방
14	estimated time of arrival (ETA)	도착 예정시간
15	ethnic food	각국의 고유음식
16	etiquette	예의
17	extend	연장하다
18	fast food restaurant	패스트푸드 음식점

19	food poisoning	식중독
20	heartburn	속쓰림
21	hiccup	딸국질
22	indigestion	소화불량
23	international call	국제전화
24	jet lag	시차증
25	Korean Wave	한류
26	limousine	리무진
27	luggage	짐
28	mini bar	호텔 객실의 냉장고
29	movement protection	수행경호
30	nausea	구역질
31	non-smoking room	금연방
32	permanent residence	영구적 숙소
33	pick up	자동차로 마중 나가다
34	portable weapon	휴대무기
35	press corps	기자단
36	rate	요금
37	recognize	알아보다
38	rental car	렌트카
39	reserve	예약하다
40	room service	룸서비스
41	safe	금고
42	single room	침대가 한 개 있는 방
43	sit-down restaurant	서빙을 받으며 식사하는 식당
44	smoking room	흡연방
45	souvenir	기념품
46	sprinkler	스프링클러
47	temporary residence	일시적 숙소

48	tourist attraction	관광지
49	traffic jam	교통 체증
50	twin room	침대가 두 개 있는 방
51	vacancy	빈방
52	wake-up call	모닝콜

사전 연락 및 공항 마중

Dialogue

You: Hello, I would like to confirm your flight schedule.

VIP: Sure. We will arrive in Seoul at 4:30 PM tomorrow.

You: Would you like the escort service from the airport to the hotel?

VIP: No, I want the escort service from the first day of the conference.

You: Okay, but we will still help you get to the hotel. My colleague and I will meet you at the airport.

VIP: Really? I really appreciate it.

You: No problem. Which airline are you flying with?

VIP: We are flying with the Korean Air.

You: I will hold a sign with your name on it.

VIP: Excellent. See you tomorrow.

You: See you. Have a nice day.

You: 안녕하세요, 고객님 비행 스케줄을 확인하고 싶습니다.

VIP: 물론이죠. 서울에 내일 오후 4시 30분 도착입니다.

You: 공항에서 호텔까지 경호를 하여 드릴까요?

VIP: 아닙니다. 경호는 컨퍼런스 첫 날부터 부탁드립니다.

You: 알겠습니다. 그래도 고객님이 호텔까지 가는 것을 도와드리겠습니다.
저와 제 동료가 공항으로 가겠습니다.

VIP: 정말요? 대단히 감사합니다.

You: 아닙니다. 어느 항공사를 이용하시는지요?

VIP: 대한항공을 타고 갈 겁니다.

You: 제가 고객님 이름이 쓰여 진 표지를 들고 있겠습니다.

VIP: 좋아요. 내일 뵙겠습니다.

You: 내일 뵙겠습니다. 좋은 하루 보내세요.

Useful Expressions

a. meet you at~
~에서 만나다.

b. a sign with ~ on it
~이 쓰여 있는 표지

c. from ~ to ~
~에서 ~까지

d. first day of ~
~의 첫 날

Key Expressions

a. We will meet you at the airport.
공항에서 뵙겠습니다.

b. She will hold a sign with my name on it.
그녀는 내 이름이 쓰여 있는 표지를 들고 있을 것입니다.

c. We will provide the security service from next Monday to Wednesday.
우리는 다음 주 월요일부터 수요일까지 보안업무를 제공할 것입니다.

d. The first day of work is tomorrow.
내일이 출근 첫 날입니다.

호텔 예약, 체크인 및 체크아웃

Dialogue

You: I would like to ask you a few questions about the stay of our VIP at your hotel.

Hotel: Yes, go ahead.

You: Are any events going to be held at or around the hotel during our VIP's stay?

Hotel: No, there are not any special events.

You: Okay, can we check the emergency exits?

Hotel: Sure, come this way, please.

You: Thank you. One last thing. Can we see the room that our VIP will use?

Hotel: Of course.

You: 저희 고객님이 호텔에 묵는 것에 대해 몇 가지 질문할 것이 있습니다.

Hotel: 네, 그러세요.

You: 저희 고객님이 호텔에 투숙할 때 호텔이나 호텔 주변에 행사가 있을 예정입니까?

Hotel: 아닙니다. 특별한 행사는 없습니다.

You: 알겠습니다. 비상구를 점검 해봐도 될까요?

Hotel: 그러세요, 이쪽으로 오세요.

You: 감사합니다. 하나만 더 물어볼게요. 저희 고객님이 사용하실 방을 볼 수 있을까요?

Hotel: 물론입니다.

General Expressions

a. go ahead.
전진하다, 말씀하세요.

b. This way, please.
이쪽으로 오세요.

c. ~ is/are going to be held
~이 열릴 것이다.

d. check ~
~을 확인하다.

Key Expressions

a. Two big events are going to be held at the hotel.
두 건 대규모 행사가 호텔에서 열릴 것입니다.

b. I would like to check the emergency exits.
비상구를 점검하고 싶습니다.

Dialogue

You: Hi, I would like to reserve a room, please.

Hotel: Yes. Which date are you going to check in?

You: It will be on Wednesday, July 25th.

Hotel: Okay. How about the check-out date?

You: The check-out date will be July 28th.

Hotel: Are you the only guest?

You: No, there is one more person.

Hotel: I see. Would you like a smoking room or a non-smoking room?

You: Non-smoking room, please.

Hotel: Sure. Would you like a double room or a twin room?

You: A double room, please.

Hotel: No problem. May I have your name and your phone number?

You: My name is James Kim and my phone number is 234-3844.

Hotel: Thank you Mr. Kim. See you on July 25th.

You: Thanks, bye.

You: 안녕하세요, 방을 예약하고 싶습니다.
Hotel: 네, 체크인 날짜가 언제입니까?
You: 7월 25일 수요일입니다.
Hotel: 체크아웃 날짜는 언제가 되시나요?

You: 7월 28일입니다.
Hotel: 투숙객은 고객님 말고 없으십니까?
You: 아니요, 한명 더 있습니다.
Hotel: 네, 흡연 방으로 해드릴까요, 아니면 금연 방으로 해드릴까요?
You: 금연 방으로 주세요.
Hotel: 알겠습니다. 더블 룸으로(더블 사이즈 침대가 있는 방) 드릴까요, 아님 트윈 룸으로(트윈 사이즈 침대가 두 개 있는 방) 드릴까요?
You: 더블 룸으로 주세요.
Hotel: 네, 성함과 연락처 좀 남겨 주시겠습니까?
You: 제 이름은 제임스 김이고, 전화번호는 234-3844입니다.
Hotel: 감사합니다. 김선생님. 7월 25일에 뵙겠습니다.
You: 감사합니다. 안녕히 계세요.

Useful Expressions

a. Which date are you going to~?
어느 날짜에 ~ 할 것 입니까?

b. Are you the only~?
당신이 유일한 ~ 입니까?

c. Would you like ~?
~을 원합니까?

d. May I have your ~?
~을 주시겠습니까?

Key Expressions

a. Which date are you going to check out?
어느 날짜에 체크아웃 하실 것입니까?

b. Are you the only security guard here?
당신 밖에 여기 보안요원이 없습니까?

c. Would you like something to drink?
마실 것 좀 드릴까요?

d. May I have your address?
주소 좀 알 수 있을까요?

한국 문화소개 (음식 및 관광)

Dialogue

You: What do you want to eat for dinner?

VIP: Hmm. What should we have?

You: Have you ever tried Korean food?

VIP: No, I have never tried it.

You: Okay. What about Korean barbecue?

VIP: What kind of meat do you barbecue?

You: We usually barbecue beef and pork.

VIP: I have a pork allergy.

You: I see. We will go to a beef barbecue restaurant.

VIP: Great. I am excited.

You: 저녁으로 무엇을 드시고 싶으세요?

VIP: 음... 무엇을 먹으면 좋을까요?

You: 한국음식 드셔보셨나요?

VIP: 아니요. 한 번도 못 먹어 봤어요.

You: 그렇군요. 한국식 바비큐는 어떠세요?

VIP: 무슨 고기 입니까?

You: 보통 쇠고기와 돼지고기를 사용합니다.

VIP: 저는 돼지고기 알레르기가 있습니다.

You: 네, 그럼 쇠고기 바비큐 식당으로 가죠.
VIP: 좋아요. 기대되네요.

Useful Expressions

a. What do you want to eat for~?
~으로 무엇을 먹고 싶습니까?

b. Have you ever~?
~한 적 있습니까?

c. I have never~
~을 한번도

d. I have a ~ allergy
저는 ~ 알레르기가 있습니다.

Key Expressions

a. What do you want to eat for lunch?
점심으로 무엇을 먹고 싶습니까?

b. Have you ever had Sushi?
초밥 먹어본 적 있습니까?

c. I have never eaten Kimchi.
저는 김치를 먹어본 적이 없습니다.

d. I have a peanut allergy.
 저는 땅콩 알레르기가 있습니다.

Dialogue

You: Is this your first time in Korea?
VIP: No, this is my second visit.
You: Where did you visit last time?
VIP: I went to the Kyungbok Palace.
You: Is there anywhere you want to go?
VIP: Where do you recommend? How about Myungdong?
You: Myungdong can be too crowded, so it may not be the safest place to walk around. I recommend Insadong.
VIP: What is in Insadong?
You: There are many traditional Korean artworks and restaurants.
VIP: Sounds fun. Let's go.

You: 이번이 한국방문 처음이십니까?
VIP: 아닙니다. 이번이 두 번째입니다.
You: 지난번에 오셨을 때는 어디에 가보셨나요?
VIP: 경복궁에 갔었습니다.
You: 가보고 싶은 곳이 있으십니까?
VIP: 어디를 추천하세요? 명동은 어떻습니까?

You: 명동은 매우 붐빌 수 있습니다. 그래서 돌아다니기 안전한 곳이 아닐 수도 있습니다. 인사동을 추천합니다.

VIP: 인사동에는 무엇이 있죠?

You: 한국 전통 예술작품들과 음식점들이 있습니다.

VIP: 재미있을 것 같아요. 가시죠.

Useful Expressions

a. Is this your first time in ~?
~에 처음오신 것입니까?

b. Where did you ~?
어디로 (에서) ~ 하셨습니까?

c. Is there anywhere ~?
~ 한 곳이 있습니까?

d. What/Where do you recommend?
무엇을/어느 곳을 추천하십니까?

e. What is in ~
~에 무엇이 있습니까?

f. can be ~
~일 수도 있다

g. may not be ~
~이지 않을 것이다/~이지 않을 수도 있다

Key Expressions

a. Is this your first time in Busan?
부산에 처음 오신 것입니까?

b. Where did you visit last year?
작년에는 어디를 방문하셨나요?

c. Is there anywhere you want to see?
가보고 싶으신 곳이 있습니까?

d. What is in Namsan?
남산에는 무엇이 있습니까?

e. This building can be very dangerous.
이 빌딩은 매우 위험할 수 있습니다.

f. This conference may not be the largest meeting.
이 컨퍼런스가 규모가 가장 큰 모임이 아닐 수도 있습니다.

Let's Review! Take Turns!

1

A: 안녕하세요? 저희 고객님의 투숙에 대해 몇 가지 여쭈어 볼 것이 있습니다.

Hi, I would like to (　　) a (　　) questions about our VIP's (　　) at your hotel.

B: 말씀하세요.

(　　) (　　).

A: 다음 주 중에 호텔이나 호텔 근처에 행사가 있을 예정입니까?

Are there going to be (　　) events at (　　) around the hotel (　　) week?

B: 아니오, 없을 예정입니다.

No, (　　) will not (　　) any events.

A: 알겠습니다. 저희 고객님이 머무르실 방과 비상구를 점검할 수 있을까요?

Okay. (　　) we (　　) the room that our (　　) will stay in and the (　　) exit?

B: 물론입니다. 이쪽으로 오세요.

Of course. (　　) (　　) way.

2

A: 안녕하세요? 고객님의 항공일정과 호텔숙박을 확인하러 전화 드렸습니다.

Good afternoon. I called to ( ) your ( ) schedule and hotel reservation.

B: 네, 저희가 내일 오후 3시에 인천에 도착할 예정입니다.

Sure, we are ( ) to ( ) in Incheon ( ) 3 PM tomorrow.

A: 알겠습니다. 어느 항공사를 이용 하시는지요?

Okay. Which/What ( ) are you ( ) ( )?

B: 아시아나 항공을 이용할 겁니다.

Asiana airlines.

A: 저희가 공항에서부터 경호업무를 시작할까요?

Would you like the ( ) service ( ) the airport?

B: 네, 부탁합니다.

Yes, please.

A: 그럼 저와 제 동료가 공항에 나가있겠습니다. 고객님 이름이 쓰여 진 표지를 들고 있겠습니다.

My ( ) and I will ( ) you at the airport. We will ( ) a ( ) of ( ) with your name on it.

B: 감사합니다. 아, 그리고 호텔방을 더블룸에서 트윈룸으로 바꿔 주실 수 있습니까?

Thank you. Oh, and can you ( ) my hotel room ( ) a double room ( ) a twin room?

A: 물론입니다. 금연방 맞으시죠?

Of course. It is a ( ) room, right?

B: 네, 맞습니다.

Yes, that is right.

A: 입실은 내일 7월 29일 이고 체크아웃은 8월 3일로 예약했습니다.

Your ( ) is July twenty-ninth and check-out is ( ) ( ).

B: 감사합니다.

Thank you.

A: 천만에요. 내일 공항에서 뵙겠습니다.

You are ( ). ( ) you at the ( ) ( ).

3

A: 점심으로 무엇을 드시고 싶으세요?

What do you ( ) to ( ) for lunch?

B: 무엇을 추천 하세요?

( ) do you ( )?

A: 김치찌개 드셔보셨나요?

( ) ( ) ever ( ) Kimchizigae?

B: 네, 먹어봤습니다. 근데 한국 바비큐는 한 번도 못 먹어 봤습니다.

Yes, I have. But, I ( ) ( ) had Korean barbecue.

A: 그럼 바비큐를 먹죠. 점식 식사 후에 가보고 싶은 곳이 있나요?

Then let's ( ) Korean Barbecue. Is there ( ) you want to ( ) after lunch?

B: 어디를 추천 하세요?

( ) do you ( )?

A: 경복궁 가보셨나요?

( ) you ever been ( ) Kyungbok palace?

B: 아니요, 안 가봤습니다.

No, I have ( ) been there.

A. 돌아다니기 안전하고 볼거리도 많습니다.

It is ( ) to walk ( ) there, and ( ) are ( ) ( ) to see.

A: 좋습니다.

( ) good.

Chapter 3
근접 경호

Useful Vocabulary

01	access	접근
02	armored vehicle	무장차량
03	autograph	자필서명
04	blocking	차단
05	bullet	총알
06	bullet-proof window	방탄유리
07	cave-in formation	함몰형 대형
08	chase vehicle	후미차량
09	collision	충돌
10	conference	회의
11	contact	접촉
12	convertible	지붕이 열리는 스포츠카오픈카
13	convoy	호위대
14	cover	방호
15	deception	기만, 기만성
16	defensive circle formation	방호적 원형대형
17	destination	목적지
18	diamond formation	다이아몬드 대형

19	distance	거리
20	escort	호위하다
21	exposure	노출, 노출성
22	flat tire	바람 빠진 타이어
23	flexibility	유동성
24	formation	경호대형 (형성)
25	gas gun	가스총
26	handshake	악수
27	hexagon form	6인 대형
28	hostage	인질
29	lead vehicle	선발차량
30	inner ring	인체방벽에 의한 최근접 경호구역
31	main route	주통로
32	mobility	기동성
33	motorcade	모터케이드
34	pair work	2인대형
35	passenger seat	조수석
36	pedestrian	보행자
37	pentagon formation	5인 대형
38	position	위치
39	press area	미디어(기자회견, 사진촬영) 지역
40	preventive measures	방호대책
41	protection	보호, 방벽성
42	protection while walking	도보이동간 경호
43	protective detail	근접경호
44	pull over	차를 세우다
45	reserve vehicle	예비차량
46	roadblock	바리케이드
47	roadside security	연도경비

48	sedan	세단
49	short cut	지름길
50	shoulder	갓길
51	situation	상황
52	spare tire	여분의 타이어
53	stand-by vehicle	대기차량
54	surround	둘러싸다
55	Sports Utility Vehicle (SUV)	스포츠 범용차
56	taser	전기충격기
57	threat level	위해수준
58	toll fee	고속도로 등의 통행료
59	traffic control	교통통제
60	traffic violation	교통 위반
61	two-way radio/walkie-talkie	무전기
62	vehicle	탈것, 운송수단
63	wedge formation	3인 대형

차량 이동 시 경호

Dialogue

VIP: How long does it take to get to the destination?

You: It will take about fifty minutes.

VIP: What is the motorcade formation?

You: We are taking one VIP vehicle and one SUV.

VIP: Who will be riding with me?

You: One officer will be with you and two other officers will be in the SUV.

VIP: Okay, thank you.

VIP: 여기서 숙소까지 얼마나 걸립니까?

You: 약 50분정도 소요될 예정입니다.

VIP: 기동 간에 차량 대형은 어떻게 됩니까?

You: VIP차량 1대와 SUV 1대 총 2대가 기동할 예정입니다.

VIP: 제 차량에는 누가 탑승을 하나요?

You: 수행비서 경호근무자가 VIP차량에 선탑 할 예정이고, 후미 경호차량에 2명이 탑승할 예정입니다.

VIP: 네. 잘 알겠습니다.

Useful Expressions

a. How long does it take to get to ~ ?
~ 가는데 얼마나 걸립니까?

b. ride with ~
~와 함께 타다.

Key Expressions

a. How long does it take to get to the destination?
목적지까지 얼마나 걸립니까?

b. Two officers will ride in the car with the VIP.
두 명의 경호요원이 귀빈과 함께 차를 탈것입니다.

Dialogue

VIP: How much longer do we have to go to get to the conference?

You: We have about ten more minutes.

VIP: The conference starts in fifteen minutes. Please hurry up.

You: Okay, we will take a short cut.

VIP: Alright.

You: I will let you know five minutes before the arrival.

VIP : 행사장까지 얼마나 더 가야합니까?

You: 약 10분정도 더 소요될 예정입니다.

VIP: 회의가 15분 후에 소요될 예정입니다. 서둘러주세요

You: 네 알겠습니다. 지름길로 기동하겠습니다.

VIP: 네.

You: 도착 5분전에 다시 한 번 말씀드리겠습니다.

General Expressions

a. How much longer do we have to ~ ?
우리는 얼마나 더 ~ 해야 하나요?

b. start in ~시간
~시간 내로 시작하다.

c. take a short cut
지름길로 가다.

Key Expressions

a. How much longer do we have to go to get to the destination?
목적지까지 얼마나 더 가야합니까?

b. The event starts in ten minutes.
행사가 10분 내로 시작합니다.

c. Hurry up and take a short cut!
서두르고 지름길을 이용해!

Dialogue

VIP: What is wrong?

You: There is an emergency situation here.

VIP: What happened?

You: We have a minor collision with another vehicle.

VIP: Is anyone hurt?

You: No, everyone is okay. We will take care of the situation as soon as possible and escort you to the destination safely.

VIP: Alright.

VIP: 무슨 일입니까?

You: 긴급상황이 발생하였습니다.

VIP: 무엇인가요?

You: 경호차량과 일반인 차량간의 경미한 접촉사고가 발생하였습니다.

VIP: 다친 사람이 있나요?

You: 아닙니다. 모두 괜찮습니다. 잠시만 기다리시면 접촉사고 처리 후 목적지까지 신속하고 안전하게 모시겠습니다.

VIP: 네. 알겠습니다.

General Expressions

a. collision with ~
~와의 충돌

b. There is/are ~
~이 있다.

c. take care of ~
~을 해결하다.

d. as soon as possible
최대한 빨리

Key Expressions

a. What is wrong?/ What happened?
무슨 일 있습니까?

b. There is an emergency situation here.
여기 긴급 상황이 발생하였습니다.

c. We will take care of the situation as soon as possible.
저희가 최대한 빨리 이 상황을 해결하겠습니다.

Dialogue

You: We are about to leave for the destination.

VIP: Alright, how long does it take to get there?

You: About twenty minutes. You are going to ride with me and two other officers in this vehicle.

VIP: Sounds good.

You: Let us know if there is anything you need.

VIP: Sure, I will do that.

You: And in case of emergency, please stay calm and close to me.

VIP: Okay.

You: 이제 곧 목적지로 이동하겠습니다.

VIP: 알겠습니다, 도착하는데 얼마나 걸릴까요?

You: 약 20분 정도 걸릴 예정입니다. 저와 두 경호요원들과 함께 이 차에 타시겠습니다.

VIP: 좋습니다.

You: 필요한 것이 있으시면 말씀해 주세요.

VIP: 네, 그렇게 하겠습니다.

You: 그리고 비상시에는 당황하지 마시고 저와 가까이 붙어 계세요.

VIP: 알겠습니다.

General Expressions

a. about to ~
   ~하려 한다.

b. How long does it take to ~ ?
   ~하는데 얼마나 걸릴 것 같습니까?

c. Let us know if ~
   ~하거든 저희들에게 알려주세요.

d. in case of ~
   ~한 상황에는

Key Expressions

a. We are about to leave for the destination.
   저희는 목적지로 떠나려고 하고 있습니다.

b. How long does it take to get to the event?
   행사장까지 가려면 얼마나 걸립니까?

c. Let us know if there is anything you need.
   필요한 것이 있으면 저희에게 알려주세요.

d. In case of emergency, stay calm and close to me.
   비상사태 시, 당황하지 마시고 제게 가까이 붙어 있으세요.

도보 이동 시 경호

Dialogue

You: We have arrived at the destination. Now we are going to walk into the building.

VIP: Okay.

You: Stay close to me and other security officers all the way to the event site.

VIP: Sure, I will do that.

You: In case of emergency, please stay calm and follow us to the emergency exit. And if you need anything, let us know.

VIP: Thank you.

You: 목적지에 도착하였습니다. 이제 빌딩 안으로 걸어들어 가겠습니다.

VIP: 네.

You: 행사장에 도착할 때까지 끝까지 저와 다른 경호요원들에 가까이 붙어 걸어오세요.

VIP: 네, 알겠습니다.

You: 비상시에는, 당황하지 마시고 비상구까지 저희를 따라 오세요. 그리고 필요한 것이 있으시면 알려주세요.

VIP: 감사합니다.

General Expressions

a. walk into~
~로 걸어들어 가다.

b. stay close to~
~와 가까이 있다.

c. all the way to ~
~끝까지

d. follow~
~를 따라가다.

e. let ~ know
~에게 알려주다.

Key Expressions

a. We are going to walk into the building.
우리는 빌딩 안으로 걸어 들어갈 것입니다.

b. Let's stay close to each other all the way to the destination.
목적지까지 서로에게 가까이 붙어서 갑시다.

c. Follow me in case of emergency.
긴급 상황 시 저를 따라 오세요.

d. Let me know if you need help.
도움이 필요하시면 저에게 알려주세요.

대중과 접촉 시 경호

Dialogue

You: There will be an autograph session after the event ends.

VIP: Where will it be held?

You: There is a table in front of the conference room. I will take you there when the M.C. announces the end of the event

VIP: Okay. I have a plan to meet an acquaintance at the hotel in an hour.

You: I see. I will escort you to the hotel after having the session for about twenty minutes.

VIP: Alright. Thank you.

You: 행사종료 후에 사인회가 있을 예정입니다.

VIP: 사인회 장소가 어디인가요?

You: 회의장 앞 오른쪽에 의자가 마련되어 있습니다. 사회자가 행사종료를 알리면 제가 모시겠습니다.

VIP: 네. 숙소에서 1시간 후에 지인을 만나기로 했어요.

You: 네. 알겠습니다. 20분정도 사인회 행사를 가진 뒤 숙소로 모시겠습니다.

VIP: 네. 그렇게 해주세요.

General Expressions

a. ~ is/are held
~가 열리다.

b. have a plan to ~
~할 계획이 있다.

c. take/escort ~ to ~
~를 ~로 데리고/호위하고 가다.

Key Expressions

a. Where will the event be held?
행사가 어디서 열릴 예정입니까?

b. I have a plan to have dinner with an acquaintance.
나는 지인과 저녁을 먹을 계획이 있다.

c. Please take the VIP to the hotel.
귀빈을 호텔로 모시고 가세요.

Dialogue

You: Please wait for your turn in single file behind this line.

Guest: Can I also take a picture with Mr. Kim?

You: Yes, you may. Just ask him before you do so.

Guest: Great. How much time do we have until the end of the autograph session?

You: We have five more minutes. Go ahead, it is your turn.

Guest: Thank you.

You: Exit through the side door when you are finished.

You: 한 줄로 이 줄 뒤에서 기다리세요.

Guest: 김 선생님과 사진도 찍을 수 있나요?

You: 네. 찍으시기 전에 물어보시고요.

Guest: 좋네요. 사인회 끝나기까지 얼마나 남았나요?

You: 5분 남았습니다. 가세요, 손님 차례입니다.

Guest: 감사합니다.

You: 끝나시면 옆문으로 나가주세요.

General Expressions

a. in single file
한 줄로

b. take a picture
사진을 찍다.

c. until the end of ~
~까지

d. exit through ~
~을 통하여 나가다.

Key Expressions

a. We walked into the building in single file.
우리는 한 줄로 빌딩 안으로 걸어 들어갔습니다.

b. Please do not take pictures here.
여기서 사진 찍지 마세요.

c. We have one hour until the end of the event.
행사 끝날 때 까지 한 시간 남았습니다.

d. Exit through the back door in case of emergency.
비상 시 뒷문을 이용하여 나가세요.

Let's Review! Take Turns!

A: 목적지까지 가는데 얼마나 걸립니까?
( ) long ( ) ( ) take to ( ) to the ( )?

B: 30분 정도 걸립니다.
It ( )( ) ( ) minutes.

A: 서둘러 주세요. 행사가 40분 내로 시작합니다.
Please ( ) ( ). The event ( ) in forty minutes.

B: 네, 알겠습니다. 지름길을 이용하겠습니다.
Alright. We will ( ) a ( ).

A: 무슨 일입니까?
( ) ( )?

B: 다른 차량과 충돌하였습니다. 최대한 빠른 시간 내로 상황을 처리 하겠습니다.
We have ( ) ( ) another car. We will ( ) ( ) of the situation as ( ) as possible.

A: 지금 행사장에 도착하였습니다.
Sir, we ( ) now ( ) at the ( ) of the event.

B: 네. 감사합니다.
Good. Thank you.

A: 빌딩 안으로 이동하겠습니다. 저희와 가까이 붙어 걸으시고, 비상사태 시 당황하지 마시고, 저희를 따라 오세요.
We are going ( ) ( ) into the building.
Walk close ( ) us, and stay ( ) and ( ) us ( ) ( ) of emergency.

C: 감사합니다.
Thank you.

A: 한 줄로 서서 이 줄 뒤에서 기다리세요.
Wait in ( ) ( ) behind this line.

B: 사진을 찍어도 되나요?
Can I ( ) ( ) pictures?

A: 죄송합니다. 사진은 찍으실 수 없습니다. 사인을 받으신 후 옆 문으로 나가 주세요.
Sorry. You cannot ( ) pictures. After you get the ( ), ( ) ( ) the side door.

Chapter 4

행사장 경호

Useful Vocabulary

01	aisle	통로, 복도
02	bullet	총알
03	checkpoint	검사지점
04	deploy	배치하다
05	disturb	방해하다
06	Explosive Ordnance Disposal	폭발물 처리
07	electronic device	전자기기
08	entry	입장
09	evacuate	탈출하다
10	event site	행사장소
11	fake I.D.	가짜 신분증
12	false alarm	잘못된 경보
13	fire extinguisher	소화기
14	fire rescue team	소방팀
15	go off	(경보기 등이) 울리다
16	guest list	초대자 명단
17	handgun	권총
18	identification screening	신원확인

19	infirmary	진료소, 양호실
20	inflammable	인화성의
21	intrude	침입하다
22	kick out	쫓아내다
23	line up	줄을 서다
24	metal detector	금속탐지기
25	name tag	이름표
26	notify	알리다
27	operate	작동하다
28	security CP	경호CP
29	out of order	고장인
30	pass	통행권
31	patrol	순찰하다
32	personal belongings	개인소지품
33	security post	보안초소
34	prohibit	금지하다
35	queue	줄
36	rifle	소총
37	scan	위험물이 있는지 살피다
38	search	찾다
39	security inspection	보안검색
40	sharp object	뾰족한 물건
41	single file	일렬종대
42	security dog	보안(경비)견
43	survey	검사하다
44	tire killer	차량진입 저지장치
45	valuables	귀중품
46	wiretapping	도청

행사 전 행사장 답사 및 경호 인원 배치

Dialogue

You: Hello, my name is Jung Jae Lee from TOP Security Service. Our company is in charge of escorting Mrs. Go during the ASEM.

Hotel Staff: How can I help you?

You: I am here to survey the event site. Could you show me around?

Hotel Staff: Sure.

You: Thank you. On which floor will the event be held?

Hotel Staff: It will be held on the eighth floor.

You: What is the maximum capacity of the elevators?

Hotel Staff: Eight adults.

You: How many entrances are there on the eighth floor?

Hotel Staff: There is one main entrance, two side doors and a rear door.

You: I see. Where are the emergency exits?

Hotel Staff: There are two emergency exits behind the stage.

You: Thanks. What about fire extinguishers?

Hotel Staff: There are two by the main entrance and two by the side doors.

You: Okay. Last question. Do you have an infirmary in the hotel?

Hotel Staff: Yes. There is one next to the check-in desk.

You: Thank you very much for the information.

You: 저는 아셈행사 기간 동안 고여사를 경호할 예정인 TOP 경호 서비스 소속 이정재입니다.

Hotel Staff: 무엇을 도와드릴까요?

You: 해당 행사장을 조사하러 왔습니다. 협조해 주시겠습니까?

Hotel Staff: 네. 제가 안내해 드리겠습니다.

You: 네. 감사합니다. 행사장은 몇 층입니까?

Hotel Staff: 네 8층입니다.

You: 엘리베이터는 정원이 몇 명인가요?

Hotel Staff: 8명입니다.

You: 네. 감사합니다. 8층 행사장에 출입구는 몇 개입니까?

Hotel Staff: 주 출입구가 한개 있고, 두개의 측문과 한 개의 후문이 있습니다.

You: 네. 비상구는 어디에 위치해 있나요?

Hotel Staff: 무대 뒤편에 두개의 비상구가 있습니다.

You: 네. 감사합니다. 행사장에 소화기는 몇 개이며 어디에 위치해 있나요?

Hotel Staff: 주 출입구가 두개 있고, 측문에 2개 총 4개입니다.

You: 네. 마지막으로 건물 내에 응급의료센터가 위치해 있나요?

Hotel Staff: 네. 1층 데스크 오른쪽에 응급의료센터가 위치해 있습니다.

You: 네. 협조해 주셔서 대단히 감사합니다.

General Expressions

a. in charge of ~
~를 맡은

b. I am here to ~
저는 여기에 ~ 하러 왔습니다.

c. show around
구경시켜 주다.

d. behind the stage
무대 뒤에

Key Expressions

a. I am in charge of the security service.
저는 보안 서비스 담당을 맡고 있습니다.

b. We are here to survey the event site.
우리는 행사장을 조사하기 위하여 이곳에 왔습니다.

c. Could you show us around?
저희를 구경시켜 주실 수 있습니까?

d. There are two fire extinguishers behind the stage.
무대 뒤에 두 개의 소화기가 있습니다.

Dialogue

Chief: Is everyone at his assigned position?

You: Yes. Three guards are at the main entrance, two are at the rear door, and one is at the emergency exit.

Chief: What about inside the event site?

You: Five guards are patrolling around the floor.

Chief: Great. And how are you communicating with the CCTV control center?

You: I am going to be at the control center and communicate with the other guards by walkie-talkie.

Chief: 모두가 자신에게 배정된 곳에 가 있는가?

You: 네. 주 출입구에 세 명이 있고, 후문에는 두 명, 그리고 비상구에 한 명이 있습니다.

Chief: 행사장 내에는?

You: 다섯 명이 순찰하고 있습니다.

Chief: 좋아. CCTV 관제 센터와는 어떻게 통신할 것인가?

You: 제가 가서 경호요원들과 무전기로 할 것입니다.

General Expressions

a. patrol around ~

~주위를 순찰하다.

b. communicate by walkie-talkie

무전기로 의사소통하다.

Key Expressions

a. Three security guards are patrolling around the office.

세 명의 경호요원이 사무실 주변을 순찰하고 있습니다.

b. It is convenient to communicate by walkie-talkie.

무전기로 의사소통 하는 것은 편리합니다.

행사장 출입 통제 및 보안검색

Dialogue

You: Hi, is your name on the guest list?

Guest: Yes, it is.

You: May I see your ID, please?

Guest: Here it is.

You: We are going to frisk you now for security purposes. Spread your arms and legs. Thank you for your cooperation.

You: 안녕하세요, 손님 명단에 이름이 있으십니까?

Guest: 네, 있습니다.

You: 신분증 좀 보여주시겠습니까?

Guest: 여기 있습니다.

You: 행사장 안전을 위하여 잠시 검문검색을 실시하겠습니다. 팔 다리를 벌려주세요. 협조해주셔서 감사합니다.

General Expressions

a. Is your name on ~

~에 당신의 이름이 있습니까?

b. May I see ~

~을 봐도/확인해도 될까요?

c. Thank you for your cooperation

협조해주셔서 감사합니다.

Key Expressions

a. Is your name on the guest list?

당신의 이름이 손님 명단에 있습니까?

b. May I see your bag?

가방 좀 확인해도 되겠습니까?

Dialogue

You: Excuse me, you cannot enter this room. This area is reserved for the VIPs.

Guest: Really? But I need to talk to Mr. Kim.

You: Is your name on the VIP list?

Guest: No, but we know each other. Can you tell him that Misun is here to see him?

You: One moment, please.

Guest: Thank you.

You: Mr. Kim said he does not know anyone named Misun. I cannot let you in.

You: 실례합니다, 이 방에는 들어가실 수 없습니다. 이 지역은 귀빈들을 위해 예약된 전용공간입니다.

Guest: 그런가요? 그런데 저는 김선생님과 할 말이 있습니다.

You: 귀빈 명단에 손님 이름이 있으신가요?

Guest: 아니요. 그런데 저와 김선생님은 서로 아는 사이입니다. 김선생님께 미선이가 뵈러 왔다고 말씀해 주실 수 있나요?

You: 잠시만 기다리세요.

Guest: 감사합니다.

You: 김선생님께서 미선이라는 사람을 모르신다고 하네요. 들어가실 수 없습니다.

General Expressions

a. reserved for ~
~를 위해 예약된

b. know each other
서로 알다.

c. one moment, please
잠시만 기다리세요.

Key Expressions

a. This room is reserved for the guests.
이 방은 손님들을 위해 예약된 방입니다.

b. We do not know each other.
우리는 서로 모르는 사이입니다.

c. Please tell him to wait one moment.
그에게 잠시만 기다려 달라고 말해주세요.

Dialogue

You: Please empty your pockets and put the belongings in this basket.

Guest: Do I have to take my shoes off?

You: Yes, you do. Please take off your belt too and put them in the basket.

Guest: What is next?

You: Place the baskets on the moving belt and come this way.

Guest: Okay.

You: Now, please walk through the scanner. Thank you. Have a good time.

You: 주머니에 있는 소지품을 모두 비우시고 이 바구니에 넣어주세요.

Guest: 신발도 벗어야 하나요?

You: 네. 허리띠도 풀어주시고 신발이랑 바구니에 담아주세요.

Guest: 다음은 뭐죠?

You: 바구니들은 이동 벨트 위에 올려주시고 이쪽으로 오세요.

Guest: 네.

You: 이제 검색대를 지나 걸어가세요. 감사합니다. 좋은 시간 보내세요.

General Expressions

a. put A in B
A를 B에 넣다.

b. take ~ off
~을 벗다.

c. place A on B
B 위에 A를 두다.

d. walk through ~
~을 통하여 걸어가다.

Key Expressions

a. He put his wallet in the bag
그는 그의 지갑을 가방 안에 넣었습니다.

b. Please take off your shoes/take your shoes off.
신발을 벗어주세요.

c. They placed basket on the moving belt.
그들은 이동 벨트위에 바구니를 두었습니다.

d. Did you walk through the scanner?
검색대를 통하여 걸어갔습니까?

안 내

Dialogue

You: May I help you?

Guest: Sure, is there a program for the event?

You: Yes, it is on the table by the main entrance.

Guest: Thank you. And do you know where rest room is?

You: Go out through the rear door and you will see an escalator. Take the escalator to the second floor and it will be on your right side.

Guest: Thank you so much. I appreciate it.

You: 도와드릴까요?

Guest: 네, 행사진행표가 있나요?

You: 네, 정문 옆 테이블 위에 있습니다.

Guest: 감사합니다. 화장실은 어디에 있나요?

You: 뒷문으로 나가시면 에스컬레이터가 보이실 겁니다. 에스컬레이터를 타고 2층으로 가시면 오른쪽에 있습니다.

Guest: 정말 감사합니다.

General Expressions

a. It is on A by B
그것은 B옆 A 위에 있다.

b. Take the escalator to ~
~로 에스컬레이터를 타고 가다.

Key Expressions

a. It is on the table by the elevator
그것은 엘리베이터 옆 테이블 위에 있습니다.

b. He took the escalator to the top floor
그는 맨 꼭대기 층으로 에스컬레이터를 타고 갔습니다.

Dialogue

Guest: I have lost my wallet. Is there a lost-and-found here?

You: No, we do not have one here. What color is your wallet?

Guest: It is pink.

You: I will call the lost-and-found in the main office.

Guest: Thank you.

You: They said they have a pink wallet. You should go check.

Guest: How do I get there?

You: Take the elevator by the front the to the third floor. It will be on the left corner.

Guest: 제가 지갑을 잃어버렸습니다. 여기 분실물 보관소가 있나요?

You: 아니요, 여기에는 없습니다. 지갑이 무슨 색이죠?

Guest: 분홍색입니다.

You: 본관에 있는 분실물 보관소에 연락해 보겠습니다.

Guest: 감사합니다.

You: 분홍색 지갑이 있다고 합니다. 가서 확인해 보세요.

Guest: 어떻게 가야합니까?

You: 정문 옆 엘리베이터를 타고 3층으로 가세요. 왼쪽 코너에 있습니다.

General Expressions

a. What color is ~?
~는 무슨 색깔입니까?

b. They said they have ~
그들은 그들이 ~을 가지고 있다고 말했다.

c. How do I get to ~?
~에 어떻게 가나요?

d. How do I get there?
그곳에 어떻게 가나요?

e. It will be on the ~ side
~쪽에 있을 겁니다.

Key Expressions

a. What color is your house?
당신의 집은 무슨 색깔입니까?

b. They said they have your key.
그들은 그들이 당신의 열쇠를 가지고 있다고 말했습니다.

c. How do I get to the lost-and-found?
분실물 보관소에 어떻게 가나요?

d. It will be on the left side.
그것은 왼쪽에 있을 것입니다.

기계경비상황

Dialogue

A: How do you control the access to this building?

B: Only authorized vehicles can pass through the gate.

A: Is it an automatic gate?

B: Yes, it is. Every authorized vehicle receives a pass and the gate has a reader.

A: What about pedestrians?

B: Two security officers will always be positioned at the kiosk by the gate and check the pedestrians' identification.

A: 이 빌딩의 출입은 어떻게 통제하십니까?

B: 허가된 차량만이 차단기를 통과할 수 있습니다.

A: 자동 차단기 입니까?

B: 네, 그렇습니다. 모든 허가된 차량들은 출입증을 받고, 차단기에는 인식장치가 되어있습니다.

A: 보행자들은 어떻게 통제합니까?

B: 두 명의 보안요원들이 항시 차단기 옆 간이건조물에 배치되어 보행자들의 신분증을 검사할 것입니다.

General Expressions

a. control access to ~
~로의 접근을 통제하다.

b. pass through ~
~을 통하여 지나가다.

c. be positioned at ~
~에 위치하다.

Key Expressions

a. How do you control access to this building?
이 빌딩의 출입은 어떻게 통제 하십니까?

b. You cannot pass if you are not authorized.
허가되지 않았다면 지나가실 수 없습니다.

c. Who is positioned at the kiosk?
누가 간이 건조물에 위치하고 있습니까?

무전상황

Dialogue

A: There is an unidentified vehicle in the parking lot.

B: Send someone over to see what is going on.

A: Yes, sir. The car just ran over the security guard and is moving towards the gate! It is ignoring the order to stop!

B: Okay, inform the guards at the gate of the situation. Tell them to close the gate and set up a tire killer.

A: Roger that.

B: I will call the police for backup.

A: 확인되지 않은 차량이 주차장에 있습니다.

B: 요원을 보내 무슨 일인지 알아보게.

A: 알겠습니다. 차량이 막 경호요원을 치고 입구 쪽으로 향하고 있습니다! 멈추라는 명령을 무시하고 있습니다!

B: 알겠네, 입구에 있는 요원들에게 이 상황을 알리고 차량진입 저지장치를 세우라고 말하게.

A: 네.

B: 나는 경찰에 연락하여 지원요청을 하겠네.

General Expressions

a. run over
치다.

b. move towards ~
~를 향하여 이동하다.

c. inform A of/about B
B에 대하여 A에게 알려주다.

d. set up
설치하다.

Key Expressions

a. The car just ran over the security guard.
자동차가 방금 경호요원을 쳤습니다.

b. The car is moving towards the gate.
자동차가 입구 쪽으로 향하고 있습니다.

c. Inform the guards at the gate of the situation.
입구에 있는 경호요원들에게 이 상황을 알리게.

d. Tell them to set up a tire killer.
그들에게 차량진입 저지장치를 설치하라고 알리게.

홈시큐리티 시스템

Dialogue

A: Hello, we have noticed that your alarm went off. Is everything alright?

B: Yes, everything is fine. I accidently set it off.

A: Alright. For the security purpose, may I have your four-digit PIN?

B: Sure. It is 4853.

A: Thank you very much Mr. Kim. Have a good night.

A: 여보세요, 고객님의 경보장치가 울린 것을 확인하였습니다. 괜찮으십니까?

B: 네, 다 괜찮습니다. 제가 실수로 작동시켰습니다.

A: 알겠습니다. 보안을 위해서, 고개님의 4자리 비밀번호를 말해 주실 수 있나요?

B: 물론입니다. 4853입니다.

A: 정말 감사합니다, 김 선생님. 좋은 밤 보내세요.

General Expressions

a. go off
(경보 등이) 울리다.

b. set off
작동시키다.

Key Expressions

a. We have noticed that your alarm went off.
저희가 선생님의 경보장치가 울린 것을 확인하였습니다.

b. I accidently set the alarm off.
제가 실수로 경보장치를 작동시켰습니다.

Dialogue

A: Hello, this is the operator for the Kyonggi Security Service. Is everything okay at your home?

B: No, I think someone has broken into the house.

A: Okay, please stay calm. I will call security officers for you. Do not hang up the phone until they get there.

B: Alright.

A: 경기 보안 서비스의 교환원입니다. 댁에 별일 없으십니까?

B: 네, 누군가 집에 침입한 것 같습니다.

A: 알겠습니다. 당황하지 마세요. 제가 보안요원을 보내겠습니다. 보안요원들이 도착할 때까지 전화를 끊지 마세요.

B: 네.

General Expressions

a. break into
침입하다.

b. hang up
(전화를) 끊다.

Specific Expressions

a. I think someone has broken into the house
누군가가 집에 침입한 것 같습니다.

b. Do not hang up the phone until the security guards get there.
보안요원이 도착하기 전까지 전화를 끊지 마세요.

Let's Review! Take Turns!

A: 지금 행사장 조사를 위해 나와 있습니다.
We are here (　　) (　　) the event site.

B: 비상구들과 CCTV는 확인 하였습니까?
Have you (　　) the (　　) exits and CCTV?

A: 네, 확인 하였습니다. 그런데 만약을 대비하여 소화기가 두 개 더 있어야 할 것 같습니다.
Yes, we have. But we (　　) a (　　) more fire (　　) just (　　) case.

A: 몇 명이 행사장 안을 순찰하고 있습니까?
How many security officers are (　　) around the event site?

B: 다섯 명이 순찰하고 있습니다.
Five officers (　　) (　　) around.

A: 무전기로 계속 교신하세요.
Communicate continually (　　) (　　).

A: 손님 이름이 귀빈 목록에 있습니까?
Is your name (　　) the VIP (　　)?

B: 네, 있습니다.
Yes, it is.

A: 신분증을 볼 수 있을까요?
May I ( ) ( ) ( )?

B: 네, 여기 있습니다.
Sure, ( ) it is.

A: 소지품을 이 바구니 안에 넣으시고, 바구니를 이동벨트 위에 놓아 주세요.
( ) your ( ) in this basket, and ( ) the basket on the ( ) belt.

A: 도와드릴까요?
May I help you?

B: 네, 여기 행사 진행표가 있습니까?
Sure, is ( ) a ( ) for the event?

A: 네, 정문 옆 테이블 위에 있습니다.
Yes, it is ( ) the table ( ) the main entrance.

B: 감사합니다. 그리고 화장실은 어디에 있는지요?
Thank you. And ( ) is ( ) ( )?

A: 분실물 보관소 뒤에 있습니다. 엘리베이터 타고 2층으로 가세요.
It is ( ) the lost-and-found. ( ) the elevator ( ) the second floor.

A: 이 아파트 단지의 출입은 어떻게 통제하십니까?
( ) do you ( ) ( ) to this apartment complex?

B: 허가된 차량만이 차단기를 통과할 수 있습니다.
Only ( ) ( ) can ( ) ( ) gate.

A: 보행자들은 어떻게 통제합니까?
How do you ( ) ( )?

B: 두 명의 보안요원들이 차단기 옆 간이 건조물에서 신분증을 검사합니다.
Two security officers check ( ) at the ( ) ( ) the gate.

A: 확인되지 않은 차량이 발견되었을 때는 어떻게 합니까?
What do you ( ) ( ) you ( ) an ( ) vehicle?

B: 차량을 멈추고 운전자의 신분을 검사합니다.
We ( ) the ( ) and check the ( ) of the ( ).

A: 경기 보안 서비스 교환원입니다. 고객님의 경보장치가 울린 것을 확인하였습니다. 괜찮으신가요?

Hello, this is the (   ) for the Kyonggi Security Service. We have (   ) that your alarm (   ) off. Are you alright?

B: 아니요, 누군가 집에 침입한 것 같습니다.

No, I think (   ) (   ) (   ) into the house.

A: 알겠습니다. 당황하지 마세요. 보안요원을 부르겠습니다. 보안요원이 도착할 때까지 전화를 끊지 마세요.

Okay, please stay (   ). I will (   ) the security guards.

(   ) not (   ) (   ) the phone (   ) they get there.

Chapter 5

응급상황

Useful Vocabulary

01	abduction	납치
02	accomplice	공범자
03	arrest	체포하다
04	assault	폭행
05	band-aid	반창고
06	basic life support	인명구조술
07	blackmail	공갈, 협박
08	bleed	피를 흘리다
09	breath	숨을 쉬다
10	bullet proof vest	방탄조끼
11	cardiac arrest	심장마비
12	CPR (Cardiopulmoary Resuscitation)	심폐 소생법
13	cramp	경련, 쥐
14	crisis	위기
15	emergency response team	비상 대응 팀
16	emergency room (ER)	응급실
17	escape route	탈출로
18	evacuate	대피하다

19	fever	열
20	first aid kit	구급상자
21	fracture	골절
22	gas mask	방독면
23	handcuff	수갑
24	hostage	인질
25	kidnap	납치하다
26	injured	부상 입은
27	intensive care unit	중환자실
28	internal bleeding	내부출혈
29	lose consciousness	의식을 잃다
30	pass out	기절하다
31	ransom	몸값
32	self-defense	자기 방위
33	stab	칼로 찌르다
34	stab(knife) proof vest	방검조끼
35	stretcher	들것
36	suspect	용의자
37	SWAT	테러진압특공대
38	symptom	증상
39	tear gas	최루탄
	〈테러관련 용어〉	
40	aircraft hijacking	항공기 납치
41	alert	경계 경보
42	assassination	암살
43	bomb	폭탄
44	casualty	사상자
45	civilian	민간인
46	counterattack	반격

47	countermeasure	대책, 대안
48	domestic terrorism	국내 테러리즘
49	explode	폭발하다
50	hijack	납치하다
51	international terrorism	국제 테러리즘
52	massacre	대량학살
53	negotiate	협상하다
54	suicide bomber	자살 폭파범
55	tactic	작전, 병법
56	terrorism	테러
57	terrorist	테러리스트
58	war on terror	테러와의 전쟁

기동경호 간 접촉사고 상황

Dialogue

You: Are you alright?

VIP: Yes, I am fine. What happened?

You: Someone just rear-ended our vehicle.

VIP: Oh, I see.

You: Please stay here in the car with me. Other officers will deal with the situation.

VIP: Thank you.

You: Just to make sure you are okay, we will stop by the hospital.

You: 김 선생님, 괜찮으신가요?

VIP: 네, 괜찮습니다. 무슨 일 입니까?

You: 누군가 뒤에서 저희 차량을 받았습니다.

VIP: 오, 그렇군요.

You: 저와 함께 차안에서 계십시오. 다른 경호요원들이 상황대처를 할 것 입니다.

VIP: 감사합니다.

You: 선생님이 괜찮으신지 확인하기 위해서, 병원에 들르겠습니다.

General Expressions

a. deal with ~

~에 대한 조치를 취하다.

b. A rear-ended B

A가 B를 뒤에서 받다.

Key Expressions

a. Who wants to deal with the accident?

누가 사고에 대한 조치를 취하고 싶습니까?

b. His car rear-ended ours.

그의 자동차가 뒤에서 우리 차를 받았습니다.

수행경호 시 귀빈 부상상황

Dialogue

You: Are you okay?

VIP: No, I cannot move my right arm.

You: Please stay still, and we will call an ambulance.

VIP: It really hurts.

You: I understand. I will stay by you until the ambulance gets here. It will only take a few minutes.

VIP: Okay, thank you.

You: 김 선생님, 괜찮으세요?

VIP: 아니요, 오른쪽 팔을 움직일 수가 없네요.

You: 움직이지 마세요, 저희가 앰뷸런스를 부르겠습니다.

VIP: 정말 아프네요.

You: 네, 알겠습니다. 제가 앰뷸런스가 도착할 때 까지 옆에 있겠습니다. 몇 분만 기다리시면 올 겁니다.

VIP: 알겠습니다. 감사합니다.

General Expressions

a. stay stil
   움직이지 않고 있다.

b. get here
   여기 도착하다.

c. take a few minutes
   몇 분이 걸리다.

Key Expressions

a. Stay still until the ambulance gets here
   앰뷸런스가 올 때까지 움직이지 마세요.

b. It is going to take a few minutes
   몇 분이 걸릴 것입니다.

행사장 경호 시 화재발생상황

Dialogue

You: The curtain is on fire. We have to evacuate the building now.

VIP: Okay. Where do I go?

You: We will escort you to the emergency exit. Stay close to my back when you follow.

VIP: Alright. I see.

You: 커튼에 불이 붙었습니다. 서둘러 행사장 밖으로 대피하셔야 합니다.

VIP: 네. 어디로 가나요?

You: 비상구 쪽으로 경호요원들이 모시겠습니다. 제 뒤에 가까이 붙어서 오시면 됩니다.

VIP: 네. 알겠습니다.

General Expressions

a. on fire
 불이 붙은

b. evacuate ~
~를 비우다. ~으로부터 대피하다.

Specific Expressions

a. The car is on fire.
차에 불이 났습니다.

b. Have everyone evacuate the office.
모두가 사무실에서 대피하도록 해주세요.

Dialogue

You: Put this on.
VIP: What is this?
You: This is a gas mask. Now, lower your body and come this way.
VIP: The sprinklers are not working.
You: I will call 119 and grab the fire extinguishers by the main entrance.

You: 이것을 쓰세요.
VIP: 이것이 무엇입니까?
You: 방독면입니다. 이제 몸을 낮추시고 이쪽으로 오세요.
VIP: 스프링클러가 작동이 안돼요.
You: 제가 119를 부르고 정문 옆에 있는 소화기들을 가져오겠습니다.

General Expressions

a. put on
입다, 쓰다, 신다.

b. ~ is/are not working
작동되지 않고 있다.

c. call 119/112
119/112에 신고하다.

Specific Expressions

a. Do not put it on yet.
아직 입지 마세요.

b. The guns are not working.
총들이 고장 났습니다.

c. Can you call 119?
119에 신고하여 줄 수 있습니까?

행사장 폭탄테러 위협상황

Dialogue

You: We have just received a call from a suspicious man.

VIP: What did he say?

You: He said he installed a bomb underneath the stage.

VIP: It is a bomb threat. What are you going to do now?

You: We will open all the gates and emergency exits and make an announcement. We will also call a bomb disposal specialist. You will have to evacuate the building for your safety.

VIP: Alright.

You: We will drive you to the hotel safely.

You: 방금 전에 수상한 남자로부터 행사장 인근에 폭탄을 설치하였다고 전화가 왔습니다.

VIP: 그 사람이 뭐라고 했나요?

You: 무대 밑에 폭탄을 설치했다고 말했습니다.

VIP: 폭탄테러 위협이군요. 어떻게 할 예정입니까?

You: 네. 모든 출입구와 비상구를 개방하고, 안내방송을 하여 행사 참석자를 밖으로 신속하게 안내 할 예정입니다. 또한 폭탄 전문가에 신고하여 후속조치를 할 예정입니다. 안전이 확보 될 때까지 신속하게 본 건물에서 대피하셔야 할 것 같습니다.
VIP: 네. 알겠습니다.
You: 차량으로 인근 숙소에 안전하게 모시겠습니다.

General Expressions

a. a call from ~
~로부터 온 전화

b. make an announcement
발표를 하다, 안내방송을 하다.

Key Expressions

a. We received a call from terrorists.
우리는 테러범들에게 온 전화를 받았습니다.

b. He made an announcement to the guests.
그가 손님들에게 안내방송을 하였습니다.

경호임무 수행 중 현행범 체포상황

Dialogue

You: Excuse me. Stop what you are doing.

Man: I am not doing anything. I am just walking around.

You: No, I saw you taking pictures of women's private parts.

Man: Go away. Leave me alone.

You: You are going to have to come with me or I will call the police.

You: 저기요. 그만 하세요.

Man: 저는 아무것도 안하고 있어요. 그냥 걸어 다니는 건데요.

You: 아니, 여자들의 은밀한 부위를 사진기로 찍는 것을 봤습니다.

Man: 저리 가세요. 절 그냥 내버려 두세요.

You: 저와 함께 가셔야겠습니다. 아니면, 경찰을 부르겠습니다.

General Expressions

a. walk around
돌아다니다.

b. take pictures of ~
~사진을 찍다.

c. leave ~ alone
~를 가만 놔두다.

Key Expressions

a. I was just walking around.
저는 그냥 돌아다니고 있었습니다.

b. Are you taking pictures of their bodies?
그들의 몸을 찍고 있는 겁니까?

c. We could not leave him alone.
우리는 그를 홀로 내버려 둘 수 없었습니다.

Dialogue

You: Freeze! Do not move! Stay where you are and drop your weapon.

Man: Do not come near me, or somebody will get hurt.

You: Sir, we have a man with a knife here. He is threatening to hurt the guests.

Chief: Surround him and restrain him. Do not forget to wear the knife proof vests.

You: Yes, sir. And please call the police. We are going to need backup.

You: 멈춰! 움직이지 마! 그 자리에 서서 무기를 내려놔.
Man: 가까이 오지 마. 아니면 누군가 다칠 거야.
You: 팀장님, 여기 칼을 든 남자가 있습니다. 손님들을 해치겠다고 협박하고 있습니다.
Chief: 둘러싸서 제지하게. 방검조끼를 입는 것을 잊지 말고.
You: 네, 알겠습니다. 경찰에 신고해 주세요. 지원이 필요할 것 같습니다.

General Expressions

a. Stay where you are
그 자리에 그대로 있어.

b. come near ~
~가까이에 오다.

c. get hurt
다치다

d. forget to ~
~하는 것을 잊어버리다.

Key Expressions

a. We ordered him to stay where he was.
우리는 그에게 움직이지 말라고 명령하였습니다.

b. They came near me.
그들은 내 곁으로 왔습니다.

c. Nobody wants to get hurt.
누구도 다치고 싶어 하지 않습니다.

d. I forgot to wear the knife proof vest.
저는 방검조끼 입는 것을 잊어 버렸습니다.

Let's Review! Take Turns!

A: 누군가 저희 차량을 뒤에서 받았습니다.
Someone (　　) our vehicle.

B: 다친 사람은 없나요?
Is (　　) (　　)?

A: 요원 중 한명이 팔을 다쳤습니다. 앰뷸런스를 불렀습니다.
An officer (　　　　　) his arm. We (　　) an (　　).

A: 빌딩에 불이 났습니다. 이것을 쓰세요.
The building is (　　) (　　). Put (　　) (　　).

B. 이게 뭡니까?
What (　　) (　　)?

A: 방독면입니다. 몸을 낮추시고 이쪽으로 오세요.
It is a (　　). (　　) your body and (　　) (　　).

A: 사람들에게 총을 쏘겠다고 위협하는 남자가 있습니다.
There is a man (　　) to shoot people.

B: 어떻게 하실 건가요?
What ( ) you ( ) to do?

A: 용의자를 둘러싸고 제지하겠습니다. 먼저 제 동료를 따라 밖으로 피하세요.
We will ( ) and ( ) the man. ( ) my colleague outside.

B: 알겠습니다. 조심하세요.
Okay. ( ) ( ).

Chapter 6

경호임무 수행 후

Useful Vocabulary

01	airport	공항
02	after-action report	결과 보고서
03	aisle seat	통로 옆 좌석
04	critique	평가
05	customs	세관
06	departure	출발
07	feedback	반응, 의견
08	flight number	항공편 번호
09	gift	선물
10	leave	떠나다
11	lobby	로비
12	report	보고서
13	seat	좌석
14	see off	배웅하다
15	souvenir	기념품
16	stay in touch	연락하며 지내다
17	thank you card	감사의 말을 전하는 카드
18	time difference	시차
19	window seat	창문 옆 좌석

출발 일정확인

Dialogue

You: Today is the last day of your visit. Is there anything we need to know regarding your health and safety?

VIP: No, everything is fine. Are you taking me to the dinner party now?

You: Yes, and I want to let you know that the dinner event will be held at the hotel since there is a large demonstration near the original venue.

VIP: Oh, okay. What about the airport tomorrow? What time are we leaving?

You: My colleague and I will knock on your door at 10 Am tomorrow.

You: 오늘이 일정 마지막 날입니다. 선생님 건강과 안전에 관하여 저희가 알아야 할 것이 있습니까?

VIP: 아니요, 다 괜찮습니다. 지금 저녁 파티에 가는 건가요?

You: 네, 그런데 알려드릴 것이 있습니다. 장소가 원래 장소 근처에 대규모 시위가 있는 관계로 호텔로 옮겨졌습니다.

VIP: 알겠습니다. 내일 공항은요? 몇 시에 떠날 예정인가요?

You: 저와 제 동료가 내일 아침 10시에 방으로 가겠습니다.

General Expressions

a. regarding health and safety
건강과 안전에 관하여

b. take A to B
A를 B로 데려가다.

c. let ~ know
~에게 알려주다.

d. knock on ~
~에 노크하다.

Key Expressions

a. I have a question regarding your health and safety
당신의 건강과 안전에 대하여 물어볼 것이 있습니다.

b. Can you take me to the airport?
저를 공항까지 데려다 주실 수 있습니까?

c. I want to let you know that the venue has changed.
장소가 바뀌었다고 알려드리고 싶습니다.

d. We will knock on the door tomorrow at 9 AM.
우리가 내일 아침 9시에 방문에 노크하겠습니다.

공항 배웅

Dialogue

You: Your flight has been delayed.

VIP: Oh, no. How long do I have to wait?

You: For two hours. We will stay with you until you enter the security area.

VIP: Thank you.

You: Do not forget to call us before you leave and if there is anything you need.

VIP: I will. Thanks for your great hospitality.

You: You are welcome. Have a safe trip.

You: 비행이륙시간이 지연되었습니다.

VIP: 오, 이런. 얼마나 기다려야 합니까?

You: 두 시간 기다려야 합니다. 보안지역으로 들어가실 때가지 함께 저희가 기다리겠습니다.

VIP: 감사합니다.

You: 떠나시기 전에, 필요하신 것이 있으시면 저희에게 꼭 전화주세요.

VIP: 그러겠습니다. 환대하여 주셔서 감사했습니다.

You: 별말씀을요. 안전하게 돌아가세요.

General Expressions

a. ~ has/have been delayed
~가 지연되었다.

b. Thank you for ~
~에 대하여 감사합니다.

Key Expressions

a. Has the flight been delayed?
비행이 지연 되었습니까?

b. Thank you for the hospitality.
환대하여 주셔서 감사합니다.

Let's Review! Take Turns!

A: 오늘이 일정 중 마지막 날입니다. 기분이 어떠세요?
Today is the ( ) day of your visit. How do you ( )?

B: 좋습니다. 내일 공항에는 몇 시에 떠날 예정입니까?
Great. What time ( ) we leaving for the ( ) tomorrow?

A: 아침 10시입니다. 저와 제 동료가 방문에 노크하겠습니다.
At 10 AM tomorrow. My ( ) and I will ( ) ( ) the door.

A: 비행이 지연되었습니다.
Your ( ) has been( ).

B: 몇 시간 동안이나요?
For how ( ) hours?

A: 두 시간입니다. 보안지역 들어가실 때까지 제가 함께 있겠습니다.
Two hours. I will ( ) with you until you ( ) the ( ) ( ).

B: 감사합니다. 환대해 주신 것에 대해 고맙게 생각합니다.
Thank you. I appreciate your ( ).

A: 별말씀을요. 조심히 돌아가세요.
Your welcome. ( ) a ( ) trip.

Chapter 7

취업면접

Useful Vocabulary

01	achieve	성취하다
02	ambitious	야심이 있는
03	apply	지원하다
04	asset	자산
05	bachelor's degree	학사 학위
06	bilingual	두 개의 언어를 구사하는
07	certification	자격증, 증명서
08	colleague	동료
09	communication skill	소통능력
10	contract	계약
11	cover letter	자기소개서
12	co-worker	동료
13	decisive	결단력 있는
14	determined	결심이 굳은
15	diligent	부지런한
16	doctoral degree	박사 학위
17	double-major	복수전공
18	dream job	꿈의 직업

19	dress code	복장 규정
20	exchange program	교환학생 프로그램
21	field experience	현장 경험
22	freshman	고등학교/대학 1학년생
23	goal	목표
24	Grade Point Average (GPA)	평점
25	graduate	졸업하다
26	humble	겸손한
27	job market	인력 시장
28	job search	구직
29	language skill	어학능력
30	junior	고등학교/대학 3학년생
31	leadership skill	리더십 능력
32	major	전공
33	martial arts certificate	무도 자격증
34	master's degree	석사 학위
35	minor	부전공
36	motivaton for applying	지원동기
37	motto	인생의 좌우명
38	organizing skill	정리정돈 능력
39	outgoing	외향적인
40	part-time job	아르바이트
41	passionate	열정적인
42	position	직책
43	quit	이직하다, 그만두다
44	real-world experience	사회경험
45	recommendation	추천
46	reference	신원보증인
47	responsible	책임감 있는

48	resume	이력서
49	role model	역할 모델
50	salary	월급, 급여
50	scholarship	장학금
51	senior	고등학교/대학 4학년생
52	sophomore	고등학교/대학 2학년생
53	spare time	여가시간
54	strength/strong point	장점, 강점
55	study abroad	유학하다
56	take one year off from school	1년 휴학하다
57	team player	팀 플레이어
58	weakness	단점

소 개

Dialogue

Interviewer: Good morning, please sit down.

You: Good morning.

Interviewer: Please introduce yourself briefly.

You: Hello, my name is Minwoo Shin and I am very pleased to be here today. I am a senior majoring in Protection and Security Management at the Daehan University.

Interviewer: Great.

Interviewer: 좋은 아침입니다, 앉으세요.

You: 좋은 아침입니다.

Interviewer: 간단한 자기소개 부탁합니다.

You: 안녕하세요, 제 이름은 신민우이고, 오늘 이 자리에 오게 되어 매우 기쁩니다. 저는 대한대학교에서 경호보안을 전공하고 있는 4학년 학생입니다.

Interviewer: 좋습니다.

Dialogue

Interviewer: Mr. Shin, what do you think your strengths and weaknesses are?

You: First of all, I am a very diligent person and am good at working with others. Also, I do my best in every situation and have excellent English skills. In addition, I have a second degree black belt in Taekwondo. Despite all of my strong points, it takes time for me to get close to others.

Interviewer: Thank you.

Interviewer: 자신의 장점과 단점은 무엇이라고 생각하십니까?

You: 우선 저는 매우 부지런하며, 다른 사람들과 함께 일을 잘합니다. 또 저는 모든 상황에서 최선을 다하고, 영어 실력이 무척 뛰어납니다. 게다가 저는 태권도 2단입니다. 하지만 저의 장점에도 불구하고 사람들과 친해지는데 시간이 걸립니다.

Interviewer: 감사합니다.

General Expressions

a. introduce oneself
자기 자신을 소개하다.

b. major in ~
~를 전공으로 공부하다.

c. first of all
처음으로, 먼저, 우선적으로

d. be good at ~
~을 잘하다.

e. takes time
시간이 걸리다.

f. get close to
가까워지다.

g. in addition
추가적으로

Key Expressions

a. I am a senior majoring in protection and security management.
저는 경호보안을 전공하고 있는 4학년 학생입니다.

b. He is not very good at working with people.
그는 사람들과 일을 잘 못합니다.

c. Does it take time for you to get close to people?
당신은 사람들과 친해지는데 시간이 걸립니까?

d. In addition, she has a third degree black belt in Judo.
게다가 그녀는 유도 3단이다.

특기 및 기술 직무 경험

Dialogue

Interviewer: Do you have any certificates related to this field?

You: Yes I do. I have a Taekwondo third Dan certificate and a data processing certificate. And I also have high official English scores for both written and speaking tests.

Interviewer: That is wonderful. What about a driver's license?

You: Yes, I have one. Also, I forgot to mention that I am a certified personal trainer and have many field experiences as a security guard.

Interviewer: Great. I am really impressed.

Interviewer: 이 분야와 관련된 자격증이 있습니까?

You: 네. 태권도 공인 3단이고 정보처리 자격증이 있습니다. 또한 공식 영어시험에서 필기와 말하기 시험 둘 다 높은 점수가 있습니다.

Interviewer: 대단합니다. 운전면허증은요?

You: 네, 있습니다. 그리고 저는 공인 스포츠 트레이너 이며 많은 경호 실무경험이 있습니다.

Interviewer: 아주 좋습니다. 정말 대단하네요.

General Expressions

a. related to ~
~와 관련이 있는

b. written/speaking test
필기/말하기 시험

c. forget to mention
언급하는 것을 잊어버리다.

d. certified ~
공인 ~

Key Expressions

a. I have many certificates related to this field.
저는 이 분야에 관련된 많은 자격증이 있습니다.

b. How about your scores for both written and speaking tests?
필기와 말하기 시험점수는 어떠하십니까?

c. Do not forget to mention your awards.
수상경력을 언급하는 것을 잊지 마세요.

d. Are they certified personal trainers?
그들은 공인 스포츠 트레이너들입니까?

Dialogue

Interviewer: I would like ask a few more questions to see if you are qualified for this position.

You: Sure.

Interviewer: This position requires a lot of overseas traveling. Can you handle frequent traveling?

You: Of course. I love to travel and I used to go abroad every summer when I was in high school.

Interviewer: Good to hear that. Now I would like to hear about your past work experience.

You: I had worked at a Taekwondo academy as a part-time instructor from my freshman year to the end of junior year.

Interviewer: Who did you teach?

You: I mainly taught elementary and middle school students.

Interviewer: Is there a reason for not working this year?

You: Because I started studying for English tests.

Interviewer: I see. Do you have any other work experiences?

You: I worked as a security guard once at a concert of Girls Generation.

Interview: Okay, thank you.

Interviewer: 이 직책을 맡을 수 있는 자격이 있는지 확인하기 위해 몇 가지 더 물어보겠습니다.

You: 네.

Interviewer: 이 직책에 있으면 해외 출장이 많습니다. 해외를 자주 왕래하는 것이 괜찮겠습니까?

You: 물론입니다. 저는 여행하는 것을 매우 좋아하고, 고등학교 때는 매년 여름 해외에 나갔었습니다.

Interviewer: 좋습니다. 이제 신민우씨의 과거 직장 경력에 대하여 알고 싶습니다.

You: 저는 1학년 때부터 3학년을 마칠 때까지 태권도학원에서 파트타임 강사로 일했었습니다.

Interviewer: 누구를 가르쳤습니까?

You: 주로 초등학생들과 중학생들을 가르쳤습니다.

Interviewer: 이번 해에 일을 하지 않은 이유가 있습니까?

You: 영어시험 준비를 시작하였기 때문입니다.

Interviewer: 그렇군요. 다른 업무 경험은 없습니까?

You: 가수 소녀시대 콘서트장에서 경호요원으로 한 번 일하였습니다.

Interviewer: 네, 감사합니다.

General Expressions

a. be 동사 + qualified for
~를 위한 자격을 갖춘

b. love to ~
~하는 것을 무척 좋아하다.

c. used to ~
~하고는 했다.

d. go abroad
해외로 가다.

e. work as ~
~로서 일하다.

f. start 동사 + ing
~하는 것을 시작하다.

Key Expressions

a. I want to see if you are qualified for this position.
나는 당신이 이 직책을 가질 수 있는 자격이 있는지 보고 싶습니다.

b. He loves to go abroad.
그는 해외에 나가는 것을 무척 좋아합니다.

c. She used to work as a security guard at the concert.
그녀는 콘서트장에서 경호요원으로 일하였습니다.

d. Did you start working when you were a freshman?
당신은 1학년 때 일을 시작하였습니까?

인터뷰 마무리

Dialogue

Interviewer: If we hire you, when can you start working?

You: I can start as soon as the school semester ends.

Interviewer: When is that?

You: The last day of December.

Interviewer: Great. Do you have any questions or comments for us?

You: Could you please tell me about the work schedule?

Interviewer: The work schedule is different each week, but you will work five days a week including weekends. You take two weekdays off. Also, you have to work many night shifts.

You: I see.

Interviewer: Is that all?

You: Yes. And I just want to thank you so much for having me today. I will look forward to hearing from you.

Interviewer: 만약 고용된다면, 언제부터 일할 수 있나요?

You: 학기가 끝나는 대로 시작할 수 있습니다.

Interviewer: 그게 언제인가요?

You: 12월 31일입니다.

Interviewer: 좋습니다. 질문이나 다른 할 말이 있나요?

You: 근무 스케줄은 어떻게 되는지 알려주실 수 있습니까?

Interviewer: 스케줄은 매주 다르지만 일주일에 주말을 포함하여 5일 근무를 할 겁니다. 주중에 이틀을 쉬고요. 또 밤 근무를 많이 해야 합니다.

You: 알겠습니다.

Interviewer: 그게 다 입니까?

You: 네. 그리고 오늘 불러주셔서 너무 감사합니다. 연락 기다리겠습니다.

General Expressions

a. take a day off
하루 쉬다.

b. work morning/night shift
아침/밤 근무조에서 일하다.

c. look forward to ~ing
~하는 것을 기다리다/기대하다.

Key Expressions

a. You cannot take three days off in a week.
당신은 일주일에 3일을 쉴 수 없습니다.

b. Do I have to work night shifts?
제가 밤 근무조에서 일해야 합니까?

c. I look forward to working with you.
함께 일하기를 기대하겠습니다.

Let's Review! Take Turns!

A: 좋은 아침입니다. 앉으세요.
( ) ( ), please ( ) ( ).

B: 감사합니다.
( ) ( ).

A: 신민우씨, 간략하게 자기소개 부탁합니다.
Mr. Shin, please ( ) ( ) ( ).

B: 저는 대한 대학교에서 보안관리를 전공하고 있는 4학년입니다. 이 자리에 오게 된 것을 기쁘게 생각합니다.
I am a ( ) ( ) ( ) Security Management at the Daehan University. I am ( ) to be here.

A: 좋습니다. 그럼 자신의 장점과 단점은 무엇이라고 생각하시나요?
Great. Then what ( ) you think your ( ) and ( ) are?

B: 저는 부지런하고 다른 사람들과 일을 잘 할 수 있습니다. 하지만, 친해지는 데 시간이 걸립니다.
I am ( ) and ( ) ( ) working with others. But, it
( ) ( ) for me to ( ) ( ) others.

A: 이 직책을 가질 수 있는 자격이 있는지 알아보기 위해 몇 가지 물어 보겠습니다. 이 자리에 있으면 많은 해외 출장을 다녀야 합니다. 괜찮겠습니까?

I want to ask a few questions to (　　) if you are (　　) for this job. This position (　　) a lot of (　　) traveling. Can you (　　) it?

B: 물론입니다. 저는 여행하는 것을 좋아합니다. 고등학교 때는 여름마다 해외에 갔었습니다.

Sure. I (　　) to travel. I (　　) to (　　) (　　) every summer when I (　　) in high school.

A: 좋습니다. 이제 근무 경력에 대하여 듣고 싶습니다.

Great. Now I want to (　　) hear about your (　　) (　　).

B: 저는 파트타임 강사로 태권도장에서 3년간 일했었고, 콘서트장에서 보안요원으로 두 번 일했었습니다.

I worked (　　) a part-time instructer at a Taekwondo academy (　　) three years and as a (　　) at concerts (　　).

A: 네. 이 분야와 관련된 자격증은 있습니까?

Okay. Do you have (　　) (　　) (　　) to this field?

B: 저는 태권도 공인 3단이며 공식 영어시험에서 높은 필기와 말하기 점수를 가지고 있습니다.

I have a Taekwondo (　　) Dan (　　) and high (　　) and (　　) scores in (　　) English tests.

A: 고용된다면, 언제부터 일할 수 있나요?

If you get (　　), (　　) you start (　　)?

B: 학기가 끝나자마자 시작할 수 있습니다.

I can start (　　) (　　) (　　) the (　　) ends.

A: 인터뷰를 끝내기 전에 물어보고 싶은 것이나 할 말이 있습니까?

Do you have any (　　) or (　　) (　　) we finish the interview?

B: 근무 스케줄은 어떻게 되나요?

Could you please (　　) me about the (　　) (　　)?

A: 주 5일 근무입니다. 주말에 일하고 주중에 이틀을 쉬고, 저녁 근무조에서 일할 것입니다.

You work (　　) (　　) a (　　). You work (　　) (　　) and (　　) two (　　) off. You will work night (　　).

B: 네, 알겠습니다. 다시 한 번 이 자리에 불러 주셔서 감사하고, 연락 기다리겠습니다.

Okay, I see. I want to (　　) you again (　　) (　　) me today, and I (　　) (　　) to (　　) from you.

저자소개

이주락

1994년 경찰대학교 졸업

1998년 미국 미시간주립대학교 형사사법학 석사

2006년 영국 포츠머스대학교 형사사법학 박사

2010년 ~ 현재 경기대학교 경호보안학과 교수

오재환

2001년 헌병대 중위 예편(학군 37기)

2002년 대통령실 경호처 공채 입사

2011년 경기대학교 경호보안학과 박사

2012년 ~ 현재 대통령실 경호사무관 재직